Prag Reiseführer 2019/20

EINFACH REISEN

CityGuide Nr.1

Inhalt

Hinweis bevor es losgeht –

Viele werden sich fragen, warum dieses Buch ohne bunte Fotos angeboten wird. (in der Taschenbuch-Version).

Dies ist ganz einfach erklärt. Fotos sind ein hoher Kostenpunkt, den der Endkunde zu tragen hätte. Ein Stadtführer mit Hochglanzfotos würde aufgrund von Lizengebühren und Druckkosten, einen Preis von mehr als 20 Euro haben. Wir möchten unseren Lesern jedoch günstige Buchpreise bieten, deshalb haben wir bewusst auf bunte Hochglanzfotos verzichtet. Zudem ist es bedeutend umweltschonender, auf den Druck von unnötig vielen Bildern zu verzichten. Ein Punkt, der in der heutigen Zeit immer mehr an Wichtigkeit gewinnt. Nun möchten wir euch aber nicht mehr auf die Folter spannen. Wir wünschen euch eine schöne Reise und viel Spaß.

Prag im Überblick

Prag, die Hauptstadt der Tschechischen Republik, wird häufig auch als die Goldene Stadt, die Stadt der tausend Türme oder als Stadt der engen Gassen bezeichnet. Die Stadt besticht mit ihrer alten und atemberaubenden Architektur, welche nicht nur Architekten und Historiker fasziniert. Besuchen Sie hier romanische Kirchen, gotische Dome, barocke Paläste und entdecken Sie zauberhafte Souterrains. Bewundern Sie die mondänen Jugendstilbauten und schlendern Sie durch kunstvoll angelegte Gärten.

Das Ambiente Prags wird zusätzlich durch die Moldau verstärkt. Der Fluss schlängelt sich durch die Stadt und wird von mehr als 30 Brücken überspannt. Auch befinden sich innerhalb des Stadtgebiets 10 Flussinseln. Die Moldau wird auch die Seele Prags genannt und täglich können Sie hier ein buntes Treiben auf dem Wasser beobachten.

Prag ist eine Stadt, die für jeden Geschmack das Richtige bereithält. Kunst- und Kulturliebhaber kommen hier ebenso auf ihre Kosten wie Bier-Liebhaber, Romantiker, Familien mit Kindern oder Shopaholics. Prag lässt sich wunderbar zu Fuß erkunden und verfügt zudem über eine ausgezeichnete Infrastruktur. Sie entdecken die Stadt bequem mit der Metro, dem Bus, der Straßenbahn oder Tram und der Standseilbahn. Auch Taxis sind in der Stadt an der Moldau preisgünstig. Einer spannenden Zeit in der Hauptstadt der Tschechischen Republik steht nun nichts mehr im Wege. Stellen Sie jedoch sicher, dass Sie genügend Zeit für diese wunderbar charmante Metropole einplanen.

Die Geschichte Prags

Zahlreiche Gebäude und Denkmäler weisen auf die unterschiedlichen Epochen und Episoden in der Geschichte Prags hin. Erkunden Sie eine Stadt, die bereits im 1. Jahrhundert von den Kelten und den Markomannen besiedelt wurde. Bereits im 6. Jahrhundert begann die slawische Besiedelung und im 9. und 10. Jahrhundert erhielt die Stadt erneut Aufschwung durch die Besiedelung der deutschen und jüdischen Kaufleute.

Im Jahre 1230 wurde die herrliche Altstadt Prags gegründet. Unter König Wenzel I. wurde die romanische Siedlung an der Biegung der Moldau befestigt. Prag erhielt das Stadtrecht und wurde zur königlichen Residenzstadt der böhmischen Hoheiten. Die Neustadt wurde ab dem Jahr 1348 angelegt. Soziale und religiöse Spannungen beutelten das Land während der Hussitenkriege. Der legendäre Prager Fenstersturz ist allen aus der Geschichte bekannt. Von 1526 bis nahezu ins Jahr 1918 war Prag Teil der Habsburger Dynastie. Die Habsburger sorgten auch für die Wiederbesiedelung durch jüdische Mitbürger und dies war ausschlaggebend für den multikulturellen und auch künstlerischen Aufschwung Prags. Literaten, Künstler und Maler fühlten sich in der Stadt gleichermaßen wohl und Prag war Heimat für namhafte

Größen wie Franz Kafka, Oskar Baum, Rainer Maria Rilke und Franz Werfel.

Prag litt sehr unter dem Ersten Weltkrieg und noch schlimmer traf es die Stadt im Zweiten Weltkrieg. Im Mai 1945 marschierte die Rote Armee ein und im Jahre 1948 gelangte endgültig die Kommunistische Partei an die Macht. Das sozialistische Regime wurde erst im November 1989 gestürzt. Mit dem Präsidenten Václav Havel begann eine neue Ära und auch die deutsche Botschaft in Prag errang eine bleibende Position in der Geschichte. Diese war der Zufluchtsort für Flüchtlinge aus der ehemaligen DDR, bis in der ehemals Deutschen Demokratischen Republik die Mauer fiel. Seit 1. Januar 1993 ist Prag die unabhängige Hauptstadt der Tschechischen Republik. Heute ist Prag eine Metropole, die mit der perfekten Balance zwischen Neuzeit und Geschichte punktet.

Wetter, Klima und beste Reisezeit für Prag

Prag ist eine Stadt, die das ganze Jahr hindurch zu Besuchen einlädt. Das Wetter in Prag wird durch ein sehr mildes, kontinentales Klima geprägt. Die Sommermonate sind warm und die Winter kalt. Auch ist ein deutlicher Unterschied zwischen den vier Jahreszeiten zu bemerken. Durchschnittlich betragen die Temperaturen im Sommer 25° Celsius, doch auch Temperaturen bis zu 35° Celsius sind keine Seltenheit. Auch im Sommer kann es jedoch nachts stark abkühlen und die Temperaturen sinken auf durchschnittlich 15° Celsius.

Die durchschnittlichen Temperaturen in Prag betragen im Winter -4° Celsius. Es weht meist ein starker Wind, der die Temperaturen kühler wirken lässt. Zwischen November und März muss zudem mit Schneefall gerechnet werden. Frühjahr und Herbst können angenehm warm sein. Zwischen Mai und August fallen die häufigsten Niederschläge. Der wärmste Monat ist der Juli und der kälteste Monat ist der Januar. Als Monat mit den meisten Niederschlägen wird der Juli benannt und als trockenster Monat gilt der Februar.

Die Hauptreisezeit für Prag sind die Monate Juli und August. Während dieser Zeit müssen Sie natürlich auch mit den größten Touristen-Anstürmen rechnen. Denn gerade Prag ist auch bei Urlaubsgästen aus Asien sehr beliebt. Sehr gut für eine entspannte Städtereise eignen sich das späte Frühjahr und der Herbst. Mai, Juni und September punkten mit milden Temperaturen, die weder zu heiß noch zu kalt sind.

Sprache, Religion und Währung in Prag

Die Landessprache ist Tschechisch. Viele Prager sprechen auch heute noch Russisch und auch Deutsch wird in vielen Schulen als zweite Fremdsprache unterrichtet. Weniger verbreitet sind die Sprachen Französisch, Italienisch und Spanisch. Englisch wird sehr häufig gut verstanden und besonders in touristischen Ballungsräumen sind Attraktionen und auch Speisekarten in Restaurants meist mehrsprachig ausgeführt. Tschechisch gehört zu den kompliziertesten Sprachen der Welt. Besonders markant ist die Vielzahl der Wörter, die keinerlei Vokale enthalten und mit vielen Zischlauten ins Ohr stechen. Wer sich während des Besuchs ein wenig mit tschechischen Wörtern schmücken möchte, der sollte sich vor allem „Ahoj" merken. „Ahoj" bedeutet „Hallo" und „Dobry den" bedeutet „guten Tag". Möchten Sie danke sagen, verwenden Sie das Wort „Dekuji" und um ein Bier in Prag zu bestellen, ordern Sie ein „Pivo".

Als Nachwirkungen des Sozialismus sind auch heute noch gut 60% der Bevölkerung ohne Konfession. Nur etwa 27% der Bevölkerung gehören der römisch katholischen Kirche an. Knapp 3% sind evangelisch,

2% tschechisch hussitisch und weniger als 1% gehören der orthodoxen Kirche an. Obwohl Religion keine große Rolle in Prag spielt, können Sie hier die schönsten Kirchen und Kathedralen bestaunen.

Die nationale Währung in der Tschechischen Republik und somit auch in Prag ist die tschechische Krone. Vielerorts werden jedoch auch Euro als offizielles Zahlungsmittel akzeptiert. Häufig jedoch zu einem etwas schlechteren Kurs. Sie können in Prag Ihr Geld in den offiziellen Wechselstuben oder Banken umtauschen. Verzichten Sie auf Angebote auf offener Straße. Häufig handelt es sich hier um Scams und Tricks. Lehnen Sie dankend ab, wenn Ihnen jemand vor einer touristischen Attraktion einen wahrlich verlockenden Wechselkurs anbietet. Was zu schön klingt um wahr zu sein, ist auch meist nicht wahr. Sie können in Prag auch mit allen gängigen Kreditkarten und EC-Karten bezahlen. Auch finden Sie zahlreiche ATMs, die sogenannten Bankomaten. Vergewissern Sie sich hier, dass Sie beim Abheben eines Geldbetrags immer die Option „without conversion“ wählen. Dadurch wählen Sie den besseren Wechselkurs.

Die Küche Prags – Prager Spezialitäten

Die Küche Prags ist natürlich eng mit der böhmischen Küche verbunden. Zusätzlich wurde diese Küche stark durch die jüdischen Kaufleute und die Küche der Österreich-Ungarischen

Monarchie beeinflusst. Stets war die regionale Küche sehr auf die Verwendung einheimischer Gemüse, Früchte, Fische und auch Wild fixiert. Zumal Sie heute in Prag natürlich von der Pommes Bude über den Inder und Chinesen bis hin zum Sandwich- Laden und dem vegetarischen Restaurant alles finden, bleibt dennoch die einheimische Küche stark im Vordergrund.

Fakt ist, dass entlang der Moldau eher deftig gegessen wird. Viele Gerichte basieren auf Rezepten, die über Generationen hindurch überliefert wurden. Es handelt sich um gute, alte Hausmannskost und Fleisch, Knödel und Kraut sind die Bestandteile, die vorwiegend auf dem Teller landen. Kartoffelsuppe mit Pilzen, Palatschinken mit den unterschiedlichsten Füllungen und natürlich die traditionelle Kuttelsuppe dürfen auf keiner Speisekarte fehlen. Auch ist die Tschechische Republik bekannt als Nation der Rouladen, die typisch mit Knoblauch, Paprika und Majoran gewürzt werden. Als Nachtisch sind Zwetschkenknödel, Zwetschkenröster und Trdelnik- Gebäck der absolute Hit. Zur Verdauung hilft nach einem deftigen Mahl ein Glas Becherovka. Dieser Kräuterschnaps regt die Verdauung an und auch auf Pflaumenschnaps und Wacholder- Branntwein schwört man in diesem Land.

Urlaub in Prag - die schönsten Aussichtstürme, Parks, Plätze und mehr

Es ist bei Weitem nicht übertrieben, Prag die Stadt der tausend Türme zu nennen. Und natürlich erhalten Sie genau von diesen Türmen die beste Aussicht auf die Goldene Stadt.

Der städtische Glockenturm St. Nikolaus

Sie gelangen hierher am besten mit der Metro bis Malostranska.

Die Adresse lautet: Malostranské náměstí 29 118 00 Praha 1- Malá Strana

Tel: +420 725 847 927

Webseite: http://www.muzeumprahy.cz/prazske-veze

Über 215 Stufen gelangen Sie über einen Wendelgang zum 65 Meter hohen Turm der heiligen Kirche St. Nikolaus. Von hier aus erleben Sie ein atemberaubendes Panorama und blicken auf die Kleinseitner Häuser und Plätze. Der Glockenturm stammt aus dem Jahre 1755 und diente als Feuermeldestelle. Später war dies der Aussichtsturm der Staatspolizei, um die umliegenden, westlichen Botschaften gut im Blick zu haben.

Der Tower Park Praha

Sie erreichen den Tower am besten mit der Metro bis Invalidovna.

Die Adresse lautet: Mahlerovy sady 2699/1, 130 00 Praha

Tel: (+420) 210 320 081

Webseite: https://towerpark.cz/

Der Bau des Fernsehturms dauerte von 1985 bis 1991. Dieser Turm dient als Observatorium und Fernsehsender und liegt im Prager Stadtteil Žižkov. Mit dem Aufzug gelangen Sie auf den 216 Meter hohen Turm. Ein Highlight ist die verglaste Terrasse, die sich auf einer Höhe von 93 Metern befindet. Mit etwas Glück und klarer Fernsicht können Sie hier knapp die Hälfte des ganzen Landes überblicken.

Petřín - der eiserne Aussichtsturm

TIPP Am besten gelangen Sie hierher mit der Seilbahn auf den Berg Petrin.

Die Adresse lautet: Aussichtsturm auf dem Berg Petřín (Petřínská rozhledna), Petřínské sady 118 00 Praha 1- Malá Strana

Tel: +420 257 320 112

Webseite: http://www.muzeumprahy.cz/prazske-veze

Dieser Aussichtsturm stammt aus dem Jahre 1891. Er wurde im Zuge der Weltausstellung als Kopie des Pariser Eiffelturms im Verhältnis 1:5 errichtet. Der Turm ist 63,5 Meter hoch und die 299 Stufen lohnen sich auf jeden Fall, denn die Aussicht ist einfach grandios. Bei klarem Wetter können Sie von diesem Turm aus beinahe ganz Böhmen überblicken.

Das Metronom und ein Park mit Aussicht

Am besten gelangen Sie hierher mit der U-Bahn bis Staromestska (A), und einem etwa 10- minütigen Fußweg über die Chechuv Most.

Die Adresse lautet Nábrezí Edvarda Benese 337/8, 118 00 Praha 1-Holesovice.

Webseite: https://www.prague.eu/en

An einem Ort, an dem früher ein Stalin- Denkmal stand, befindet sich heute das Metronom. Es wurde nach dem politischen Umsturz in der noch jungen Demokratie Tschechiens errichtet und ist ein Symbol für Frieden und Freiheit. Sie finden das Metronom auf der anderen Seite der Moldau, gegenüber des jüdischen Viertels Josefov. Von hier aus haben Sie eine tolle Aussicht auf die Moldau und die Stadt. Das Metronom befindet sich im Park Letna, der zum Spazieren und Erholen einlädt. Auch ist der Park ein beliebter Treffpunkt für Jugendliche, die hier mit ihren Skateboards unterwegs sind. Über eine Brücke gelangen Sie von hier aus auch in die königlichen Gärten der Prager Burg.

Zur Moldauseite hin finden Sie in diesem Park auch den Hanavský-Pavillon. Dieser ist ebenfalls ein beliebter Aussichtspunkt Prags.

Der Pulverturm

Am besten gelangen Sie hierher mit der Metro bis Námestí Republiky (B).

Die Adresse lautet: Na Příkopě, 110 00 Praha 1

Tel: (+420) 725 847 875

Webseite: www.muzeumprahy.cz/199-prasna

Der Pulverturm war einst einer der 13 Befestigungstürme, welche einst die Altstadt umgaben. Im 17. Jahrhundert wurde in diesem Turm Schwarzpulver gelagert, was ihm auch seinen Namen verlieh. Nicht nur die Aussicht vom Pulverturm auf die Altstadt ist sehenswert, auch das kleine Museum sollten Sie sich hier nicht entgehen lassen. Auch heute noch gelangen Sie durch den Torbogen im Pulverturm in die Altstadt Prags.

Die Prager Burg

TIPP

Am besten gelangen Sie hierher mit der Straßenbahn bis Pražský hrad (Straßenbahn 22) oder mit der Metro bis Malostranská (A) hierher und kalkulieren etwa 15 Min Fußweg ein.

Die Adresse lautet: Pražský hrad, 119 08 Praha 1

Webseite: https://www.getyourguide.de/prager-burg-l2720/?partner_id=DB7DF&cmp=prag-pragerburg

Schon während Sie über die Schloss-Stiege zur Burg hochlaufen, genießen Sie einen tollen Ausblick über Prag. Die grandiose Burg befindet sich seit mehr als 1000 Jahren auf dem Berg Hradschin und ist mehr als nur ein Wahrzeichen Prags. Diese wunderbare Burg ist quasi der Nationalstolz eines ganzen Landes. Die Burg besitzt drei ausgedehnte Schlosshöfe und ist somit eine der größten Burgen der Welt. Mit dem Bau wurde bereits im 9. Jahrhundert begonnen und immer wieder erweitert. Im 14. Jahrhundert wurde der Veitsdom auf der Burganlage errichtet. Seine Türme überragen auch heute noch das gesamte Burgareal. Heute befindet sich in der Prager Burg die Residenz der Präsidenten der Tschechischen Republik. Die Burg spielte schon immer eine wichtige politische Rolle. Genau hier fand auch im Mai 1618 der zweite Prager Fenstersturz statt. Dieser war Auslöser für den 30-jährigen Krieg.

Die Burg ist jedoch mehr als nur ein toller Aussichtspunkt. Hier sind die vielleicht schönsten Sehenswürdigkeiten Prags vereint. Schlendern Sie durch das Goldene Gässchen. Hier können Sie nicht nur das Wohnhaus Franz Kafkas sehen, sondern auch die Rüstungs-Sammlung im Wehrgang bestaunen.

Der Veitsdom besticht mit seinen verzierten Fassaden. Sie können auch den Turm erklimmen und noch mehr Aussicht genießen. Auch sollten Sie ein Augenmerk auf die kunstvoll verzierten Fenster legen. Spannend ist auch die Zeremonie der Wachablösung, die hier jeden Tag um 12:00 Uhr vonstatten geht.

Besuchen Sie hier auch den Ehrenhof, die Heiligenkreuz- Kapelle, schlendern Sie durch die prächtige Gartenanlage und besuchen Sie die Nationalgalerie im Sternberg Palais. Hier werden Werke von der Antike bis ins barocke Zeitalter ausgestellt.

Auch den Gedenkobelisken für die Opfer des 1. Weltkriegs sollten Sie sich hier nicht entgehen lassen.

Die Karlsbrücke

Am besten gelangen Sie hierher mit der Metro bis Staromestská (A), Straßenbahn 17, 18.

Die Adresse lautet: Karluv most, 110 00 Praha 1

Webseite: https://www.prague.eu/cs/objekt/mista/93/karluv-most

TIPP Bei der Karlsbrücke handelt es sich um eine der ältesten Steinbrücken Europas. Diese historische Brücke aus dem 14. Jahrhundert führt auf 516 Metern über die Moldau. Sie wird von zwei Türmen begrenzt und ist nur für Fußgänger zugänglich. Von hier aus genießen Sie die vielleicht schönste Aussicht auf die Burg und den Fluss. Sie können hier zahlreiche Standbilder aus Stein diverser Heiliger betrachten, oder einfach das einzigartige Ambiente genießen. Stets herrscht hier ein lustiges Treiben. Es spielen Straßenmusiker und Künstler zeigen ihre Kunststücke. Auch befinden sich hier unzählige kleine Stände für Souvenirs. Wenn Sie die Brücke an ihrem östlichen Ende verlassen, sollten Sie auch den Altstädter Brückenturm besteigen. Vom Turm aus erhalten Sie einen grandiosen Ausblick auf die Brücke.

Der Wenzelsplatz

Am besten gelangen Sie hierher mit der Metro bis Mustek (A, B).

Die Adresse lautet Václavské námeestí, 110 00 Praha-Praha 1.

Der Wenzelsplatz ist mehr als 700 Meter lang und wirkt eher wie ein eleganter und pulsierender Boulevard. Er reiht sich unter die Top 10 der größten Plätze Europas ein. Bekannt wurde der Wenzelsplatz vor allem als Schauplatz für bedeutende, politische Demonstrationen, vor allem in den Jahren 1968 und 1989. Bereits im Mittelalter existierte dieser Platz und wurde als Pferdemarkt verwendet. Seit dem Jahr 1848 heißt der Platz Wenzelsplatz und ist nach dem heiligen Wenzel benannt.

Das Wenzelsdenkmal auf diesem Platz existiert seit dem Jahr 1912. Markant sind auch die zahlreichen Gebäude, die den Wenzelsplatz einrahmen. Diese sind im Jugendstil und in barockem Stil errichtet und punkten mit kunstvollen Fassaden. Doch nicht nur kulturell hat dieser Platz eine enorme Bedeutung. Er ist auch ein beliebter Treffpunkt und lädt mit vielen Kaffeehäusern, Restaurants, Bars und Geschäften zum Einkaufen und Relaxen ein.

Der Altstädter Ring

Sie gelangen hierher am besten mit der Metro bis Staromestská (A).

Die Adresse lautet Staromestské námestí, 110 00 Praha 1.

Tel: +420 221 714 444

Webseite: https://www.prague.eu/qf/cs/ramjet/objekt/mista/183

Der Altstädter Ring ist ebenfalls ein beliebter Treffpunkt in Prag. Der Platz ist rund 9.000 Quadratmeter groß und Meeting-Point zwischen Einheimischen, Urlaubsgästen, Verkäufern und Straßenkünstlern. Auf dem Platz, auf dem Sie viele Geschäfte, Bars, Restaurants und Kaffeehäuser finden, wurden bereits im 12. Jahrhundert die ersten Gebäude errichtet. Auf diesen Grundmauern der romanischen und gotischen Bauten wurden später die heutigen Gebäude im barocken Stil und in Renaissance-Architektur errichtet. Wenn Sie diesen Platz besuchen, können Sie zeitgleich viele wichtige Sehenswürdigkeiten Prags betrachten. Unter anderem befinden sich hier das Altstädter Rathaus, die Teynkirche, der Palais Kinsky, das Haus zur steinernen Glocke und das Denkmal für Jan Hus. Im Sommer können Sie gemütlich kulinarische Spezialitäten, Kaffee und Kuchen in den Gastgärten genießen. Auch werden hier ganzjährig immer wieder Wochenmärkte abgehalten.

Der alte Jüdische Friedhof

Am besten gelangen Sie hierher mit der Metro bis Staromestská (A).

Die Adresse lautet: Široká, 110 00 Praha

Webseite: https://www.jewishmuseum.cz/pamatky-a-expozice/pamatky/stary-zidovsky-hrbitov/

TIPP Es lohnt sich durchaus, eine Eintrittskarte für diesen Friedhof zu kaufen, der von außen kaum einsehbar ist. Zudem sollten Sie auch das Jüdische Museum und die Synagoge besuchen.

Die John Lennon- Mauer

Am besten gelangen Sie hierher mit der Straßenbahn bis Hellichova (12, 20, 22, 57, 91).

Die Adresse lautet: Velkoptevorske namesti, 118 00 Praha

TIPP Auf keinen Fall dürfen Sie sich während des Pragbesuchs diese bunte Welt voll Street-Art entgehen lassen. In der Nähe der Karlsbrücke und direkt gegenüber der französischen Botschaft ist diese Ode an den Frieden zu finden.

Obwohl während der Zeit des Kommunismus westliche Musik verboten war, galt John Lennon damals als Held für tschechoslowakische Jugendliche. Seine Musik ließ die Menschen von Freiheiten träumen und genau dies war der damaligen Regierung ein Dorn im Auge. Als John Lennon im Jahr 1980 bei einem Attentat ums Leben kam, ging dies wie ein Lauffeuer durch die Stadt und ein Künstler malte über Nacht das Portrait John Lennons auf die Mauer. Auch viele Zitate seiner Lieder, unter anderem „Give peace a chance“ wurden in Graffiti Manier auf die Mauer in der Innenstadt geschrieben. Immer wieder ließ die Regierung die Mauer übermalen, doch genauso hartnäckig erschienen darauf immer wieder Parolen, Graffiti und Portraits. Heute soll dieses Denkmal immer daran erinnern, dass freie Meinungsäußerung nicht immer selbstverständlich war.

Die Moldau und die Moldauinseln

Sie gelangen hierher am besten zu Fuß oder mit Metro und Straßenbahn - einfach dem Ruf der Moldau folgen. Die Viertel an der Moldau sind idyllisch, romantisch und vermitteln ein ganz besonderes Flair. Das kleine Viertel direkt an der Moldau wird häufig auch als Venedig Prags bezeichnet.

Am besten erkunden Sie die Gegend mit einem Boot. So erleben Sie Prag von der Wasserseite aus und entdecken immer wieder neue Facetten der zauberhaften Stadt. Viele der Bootstouren, die hier zu buchen sind, führen vorbei am Salon der Expo 58, vorbei an der Prager Burg, der Karlsbrücke, dem Rudolfinum und dem Nationaltheater. Die beliebten Dampfer legen an der Cech- Brücke, auf tschechisch Čechův Most, an und auch ab. Wenn Sie lieber alleine mit dem Tretboot unterwegs sind, so können Sie sich ein kleine Boot auf der Insel Slovanský ostrov mieten und gemütlich durchs Wasser schippern.

Ein weiteres Highlight in der Moldau ist die Halbinsel Kampa, die Sie bereits von der Karlsbrücke aus erspähen können. Durch den kleinen Teufelsbach ist die Halbinsel vom Festland getrennt. Die Häuser hier stehen direkt am Wasser oder auch auf Stelzen im Wasser. Zu Recht hat dieses Viertel den Namen Venedig Prags. Auf keinen Fall sollten Sie sich auf der Halbinsel die Wassermühlen entgehen lassen. Dies ist übrigens der perfekte Platz für Liebende und Romantiker. Hier befindet sich die sogenannte Liebesbrücke, die mit Schlössern versehen ist. Auch das Kampa Museum ist absolut sehenswert.

Wenn Sie Lust auf etwas Entspannung haben, dann ist die Schützeninsel, auf Tschechisch Střelecký ostrov, geradezu perfekt. Sie erreichen die Insel bequem über die Brücke Most Legij. Von der Spitze der Brücke aus haben Sie einen tollen Blick auf die Karlsbrücke und die Burg. Auf der Insel wird perfekt für das leibliche Wohl gesorgt und auch ein kleiner Strand lädt zum Verweilen ein.

Auch für Spaziergänger, Radfahrer und Segway- Fahrer sind die Promenaden entlang der Moldau absolut attraktiv. Hier lassen sich die Stadt und die umliegende Region fern von touristischen Pfaden erkunden.

Highlights in Prag

Eigentlich ist Prag eine einzige Sehenswürdigkeit. Auf Schritt und Tritt werden Sie von historischen Gebäuden, tollem Ambiente und Parks begleitet. Dennoch gibt es einige Sightseeing Punkte, die Sie während Ihres Aufenthalts in der Goldenen Stadt auf keinen Fall verpassen dürfen.

Das Rathaus und die Astronomische Uhr

Am besten gelangen Sie hierher mit der Metro bis Staromestská (A).

Die Adresse lautet Staromestské námestí 1/3, 110 00 Praha 1.

TIPP

Direkt am Altstädter Ring befindet sich eine weitere Sehenswürdigkeit, die Sie unbedingt gesehen haben müssen, das Altstädter Rathaus und seine Astronomische Uhr. Mit dem Bau des Rathauses im gotischen Stil wurde bereits im Jahre 1381 begonnen und das Gebäude wurde immer wieder erweitert. Es besticht mit seinen typischen Rund- und Spitzbögen. Natürlich dürfen Sie sich die Aussicht vom Rathaus aus nicht entgehen lassen.

An der Südmauer wurde gegen Ende des 15. Jahrhunderts die Astronomische Uhr errichtet. Sie sticht mit vielen Figuren ins Auge, von welchen der Sensenmann die wohl größte Bedeutung hat. Im 17. Jahrhundert kamen weiter Figuren dazu. Man installierte die beweglichen 12 Apostel, die noch heute zu jeder vollen Stunde und zu Glockenschlägen ihren Marsch absolvieren. Ein weiteres Merkmal dieser Uhr sind die drei verschiedenen Zeiger. Der Mondzeiger zeigt die

Mondphasen an, der Sonnenzeiger wandert gemeinsam mit der Sonne durch das Jahr und der Zeiger für die Ekliptik der Tierkreiszeichen zeigt an, in welchem Tierkreiszeichen man sich gerade befindet.

Auch eine grausame Geschichte rankt um die Astronomsiche Uhr und ihren Schöpfer. Sie wurde vom Meister Hanuš erbaut und galt von Anfang an als großartiges Meisterwerk. Die damaligen Ratsherren wollten sicher gehen, dass die Uhr auch ein einzigartiges Meisterwerk bliebe und ließen dem Meister Hanuš die Augen ausstechen. Der Meister rächte sich jedoch. Er folgte dem Klang der Uhr, legte seine Hand ins Uhrwerk und verfluchte dieses. Es konnte für 100 Jahre nicht repariert werden.

Der Veitsdom

Er befindet sich auf dem Gelände der Prager Burg. Die Adresse lautet: III. nádvorí 48/2, 119 01 Praha 1.

Hoch ragt der Turm des Doms auf dem Hügel über die Stadt Prag hinaus. Der Turm ist 99 Meter hoch und Sie sollten ihn auf jeden Fall besteigen. Die Aussicht ist grandios. Anstelle einer Kirche aus dem 10. Jahrhundert entstand im Jahre 1344 der Veitsdom. Erst im Jahre 1420 waren die Bauarbeiten am Chor und am Grundstock des Hauptturms abgeschlossen. Ein weiteres Highlight der Kathedrale ist die Sigismundglocke. Sie wiegt 17 Tonnen und ist somit die größte Glocke des Landes. Auch der Dom selbst überzeugt mit seiner glamourösen Ausstattung. Er ist mit Halbedelsteinen und vergoldetem Stuck reich verziert und Sie sollten auch die kleine Türe suchen, die mit sieben Schlössern verschlossen ist. Dahinter befinden sich die böhmischen Kronjuwelen. Außerdem können Sie hier die Gräber vieler böhmischer Kaiser und Könige besuchen und auch das Mausoleum der Habsburger und das Hochgrab des heiligen Johannes von Nepumuk befinden sich im Dom. Viele schöne Verzierungen, Stuckarbeiten und Steinschnitzereien, und auch das kunstvoll gestaltete Glasfenster von Alfons Mucha werden Sie in Staunen versetzen.

Die Wallfahrts-Stätte Loreto

Am besten gelangen Sie hierher mit der Straßenbahn bis Pohorelec (22).

Die Adresse lautet: Loretánské námestí 100/7, 118 00 Praha.

Webseite: http://www.loreta.cz/domains/loreta.cz/index.php/cz/

Zu Zeiten der Rekatholisierung Böhmens wurde Loreto im 17. Jahrhundert errichtet. Hier sollten Sie das Heilige Haus, die Schatzkammer und die Christi Geburt- Kirche besuchen. Beim Heiligen Haus, dem Casa Santa, handelt es sich um eine Nachbildung der Casa Santa von Loretto in Italien. Das Häuschen ist fensterlos und der Sage nach wurde es einst von Engeln aus Palästina an seine heutige Stelle gebracht. In diesem Haus erfuhr die Jungfrau Maria von der anstehenden Geburt des Erlösers Jesu Christi.

Das Heiligtum Loreto besticht mit barockem Baustil und wurde von Christoph und Kilian Ignatz Dientzenhofer errichtet. Das Glockenspiel, welches im frühbarocken Turm eingebaut ist, wurde im Jahre 1694 in Amsterdam gebaut. In der Schatzkammer können Sie viele kostbare Juwelen und Gemälde bestaunen. Unter anderem befindet sich hier auch eine Monstranz, die auf das Jahr 1699 datiert ist. Diese stammt aus Wien und ist mit 6222 Diamanten verziert.

Das Klementinum

Am besten gelangen Sie hierher mit der Metro bis Staromestská (A).

Die Adresse lautet: Mariánské námestí 5, 110 00 Praha 1

Webseite: https://www.klementinum.com/

Beim Klementinum handelt es sich um einen historischen Gebäudekomplex. Es befindet sich in der Nähe der Karlsbrücke und wird immer wieder von Institutionen als Location für Sammlungen und Ausstellungen genutzt.

Im Klementinum wurden im Jahr 1775 die ersten Wetteraufzeichnungen des Landes durchgeführt. Ursprünglich war dieses barocke Gebäude ein Jesuiten-Kolleg. Im 16. Jahrhundert erhielten die ankommenden Jesuiten vom Kaiser ein altes Kloster, welches sie renovierten und zusätzliche Gebäude anbrachten. Bereits 1616 wurde das Klementinum zur Universität und im Jahre 1654 sogar mit der Karls- Universität vereint. Das Klementinum ist nach der Prager Burg der zweitgrößte Gebäude-Komplex der Stadt an der Moldau und ebenfalls kann das Klementinum stolz darauf sein, dass sich hier die erste Gedenkstätte an Wolfgang Amadeus Mozart befand - weltweit.

Das Repräsentationshaus - Obecní Dum

Am besten gelangen Sie hierher mit der Metro bis Námestí Republiky (B).

Die Adresse lautet: Námestí Republiky 5, 111 21 Praha 1.

Webseite: http://www.obecnidum.cz/

Unmittelbar neben dem Pulverturm befindet sich diese wunderschön gestaltete Villa im Jugendstil. Das Repräsentationshaus dient heute als Event-Location für Konzerte, Ausstellungen und Veranstaltungen. Auch ein Restaurant und ein Kaffeehaus sind hier untergebracht - Sie können somit einen Besuch bequem mit einer kleinen Lunch-Pause verbinden.

Das Repräsentationshaus wird aus zwei Gebäuden gebildet, die im spitzen Winkel zueinander stehen. In der Mitte befindet sich der Eingang, der von einem Balkon und einem geschmückten Bogen markiert wird. Beachten Sie hier das schöne Mosaik. An diesem Ort befand sich in vergangener Zeit die Residenz der Könige. Im Jahre 1918 wurde vom hiesigen Balkon aus die Gründung der Tschechoslowakischen Republik verkündet.

Sie können die Gebäude während einer Führung begutachten und von Raum zu Raum gehen. Diese führt unter anderem durch den Smetana Saal, den Salon Moravian Slovak, den orientalischen Salon, den Božena Nemcová Salon, zur Bürgermeister Halle, in den Riegr Saal und in die Amerikanische Bar.

Der Smetana Saal ist Veranstaltungsort für viele Bälle und Konzerte. Markant für den Saal, der sich über mehrere Etagen zieht, ist die schöne Glaskuppel. Während einer Führung erfahren Sie auch, wie viele prominente Künstler der damaligen Zeit an der Gestaltung der einzelnen Räume beteiligt waren und diesen ihren individuellen Charakter verliehen. Dieses Gebäude war in alter Zeit eines der ersten Gebäude mit Zentralheizung, Belüftung, Aufzügen, Wäscherei und einer eigenen Trafostation. Im Jahre 1997 wurde das Obecní Dum komplett renoviert und restauriert.

Das „Tanzende Haus“

Am besten gelangen Sie hierher mit der Metro bis Karlovo námestí (B) oder mit der Straßenbahn bis Jiráskovo námestí (14,17).

Die Adresse lautet Jiráskovo námestí 1981/6, 120 00 Praha 2.

Webseite: http://tadu.cz/

Dieses Gebäude ist ein modernes Wahrzeichen Prags. Es wird auch gerne Ginger und Fred genannt, da es optisch aussieht, als würde sich eine Tänzerin an ihren Tanzpartner anschmiegen. Das Gebäude wurde im Jahre 1996 fertig gestellt und war eins der ersten wirklich modernen Gebäude der neuen Republik. Es wurde von den Architekten Vlado Milunić und Frank O. Gehry entworfen, die für die mutige Idee nicht nur Beifall ernteten. Kritiker behaupteten, das Gebäude würde ein Schandfleck neben den alten und ehrwürdigen Bauten im Jugendstil werden. Heute jedoch gilt die tanzende Frau als Symbol der Hoffnung. Das Gebäude besteht aus zwei lehnenden und dynamischen Türmen. Die Fenster neben dem geschwungenen Turm sind versetzt angebracht und verleihen dem Gebäude zusätzlich Bewegung.

In der untersten Etage des Hauses befindet sich eine Galerie. Hier haben junge Künstler immer die Möglichkeit, ihre Werke auszustellen und zu verkaufen. Sie sollten auch das Restaurant Ginger und Fred in der oberen Etage besuchen. Durch die großen Panoramafenster erhalten Sie einen traumhaften Ausblick auf die Burg und die Kleinseite. Noch schöner ist die Aussicht von der Glas-Bar und deren Terrasse aus. Zudem ist in der „tanzenden Frau" ein schönes Hotel untergebracht. Das Dancing House Hotel ist ein sehr stylisches Designhotel.

Die Metro in Prag

Die Metro in Prag ist über zahlreiche Stationen zu erreichen und ermöglicht es Ihnen, sämtliche Sehenswürdigkeiten der Stadt rasch und bequem besuchen zu können.

Webseite: http://www.dpp.cz/de/

Natürlich ist eine Metro an sich keine Sehenswürdigkeit. Die Prager Metro ist jedoch etwas anders und fällt durch ihre extreme Tiefe auf. Sehr lange Rolltreppen führen zu den unterirdischen Gängen. Die Náměstí Míru ist die am tiefsten liegende Metro-Station Prags und befindet sich 53 Meter tief unter der Erde.

Die Metro Prags ist praktisch wie ein Dreieck angebracht. Bei drei Transferstationen treffen sich die Linien A, B und C. Das bedeutet, die Stationen Florenc, Můstek und Muzeum sind jene Stationen, an welchen Sie auf eine andere Linie wechseln können. Die U-Bahn in Prag besteht seit dem Jahre 1974 und Sie können hier auch eindeutig den Charme der 70-er Jahre erkennen. Jede einzelne Station der Prager Metro wurde individuell gestaltet und mit vielen konkaven Fliesen und Aluminium dekoriert. Die Prager U-Bahn verkehrt täglich von 05:00 Uhr früh bis 24:00 Uhr. Je nach Uhrzeit treffen die Züge im Abstand von zwei bis neun Minuten ein. Fahrkarten müssen vor Antritt der Fahrt am Automaten, im Kiosk oder in kleinen Geschäften gekauft werden. Auch gibt es die Möglichkeit, ein sogenanntes SMS Ticket zu kaufen. Dies funktioniert jedoch nur mit einer tschechischen Sim-Karte. Auch in Prag ist es ratsam, nicht schwarz zu fahren, denn auch hier sind Kontrolleure unterwegs.

Die sehenswerten Viertel von Prag

An der linken und rechten Seite der Moldau, die auf Tschechisch Vltava heißt, befindet sich das historische Viertel der Stadt, welches wieder in vier Bereiche aufgeteilt ist. Das historische Viertel besteht aus der Altstadt, der Neustadt, der Kleinseite und dem Hradschin. Auch Viertel wie Holešovice oder Vínohrady sind mittlerweile beliebt bei Besuchern aus dem Ausland. Es ist ohnehin ratsam, sich zumindest an einem Tag ohne festen Plan durch die Stadt treiben zu lassen. So kann so manches versteckte Kleinod gefunden werden.

Die Altstadt - Staré Město

Die Altstadt ist natürlich das touristische, aber auch das kulturelle und historische Zentrum Prags. Rund um den Altstädter Ring und die Karlsbrücke können Sie hier viele tolle Sehenswürdigkeiten der Stadt erkunden. Spazieren Sie über den Rathausplatz, kehren Sie in einem der vielen Kaffeehäuser ein, bestaunen Sie die Gebäude, die teilweise noch aus dem 10. Jahrhundert stammen und genießen Sie das gemütliche aber doch bunte Treiben.

Die Josefstadt - Josefov

Hierbei handelt es sich um das jüdische Viertel. Es ist ein Teil der Altstadt mit dem Zentrum Jüdischer Friedhof und Synagoge. Zwischen dem Altstadtplatz und der Moldau können Sie die Überreste des jüdischen Ghettos besichtigen. Das Viertel besticht mit sehr viel Charme und lädt zum Spazieren und Verweilen ein.

Die Kleinseite - Malá Strana

Sie gelangen über die Karlsbrücke bequem auf die Kleinseite und werden sofort bemerken, dass es hier viel ruhiger und gelassener zugeht. Schlendern Sie hier durch die engen Gassen des barocken Viertels. In der Kleinseite können Sie viele tolle kleine Restaurants, Kaffeehäuser und Geschäfte entdecken. Die Kleinseite befindet sich direkt unter der Prager Burg und war einst das Zuhause der Reichen und Adeligen Prags.

Hradčany - die Burgstadt

Diese befindet sich westlich der Prager Burg und erstreckt sich bis zum Loretoplatz. Sie können hier viele barocke Gebäude und auch den Palais Czernin besichtigen, in welchem sich heute das Außenministerium befindet.

Die Neustadt - Nové Město

Die Neustadt existiert seit dem Jahre 1348. Sie umrahmt als Halbkreis die Altstadt und wird in untere und obere Neustadt unterteilt. Hier befinden sich unter anderem der Wenzelsplatz und der Platz der Republik mit der Fußgängerzone. Das beliebte Einkaufszentrum Palladium befindet sich hier und auch ein aktives Nachtleben findet in der Neustadt statt.

Holešovice - das ehemalige industrielle Viertel

Das ehemalige industrielle Viertel hat sich zu einem modernen und hippen Viertel entwickelt. Viele Galerien, Boutiquen, Bars, Restaurants und Kaffeehäuser befinden sich hier. Dennoch wurde der alte Charme dieses Viertels erhalten. Hier befindet sich auch der große Markt Holešovická Tržnice. Auch das Messegelände Vystaviste mit den großartigen Křižík-Wasserspielen befindet sich hier.

Vínohrady - das bürgerliche Viertel

Dieses Viertel beginnt direkt hinter dem Wenzelsplatz und ist eine schöne Wohngegend. Für Besucher interessant ist der Rieger Park mit seinem großen Biergarten. Auch einige Bars, Restaurants und Clubs rund um die Plätze Naměstí Miru und Jířiho z Poděbrad sind einen Besuch wert.

Vršovice - das einstige Arbeiterviertel

Dieses Viertel hat sich in den letzten Zeiten zu einem sehr angesagten Viertel entwickelt. Es ist vor allem bei Künstlern, Hipstern und Intellektuellen beliebt. An der Straße Krymská befindet sich das kulturelle Zentrum mit vielen Kaffeehäusern, Restaurants und Bars.

Žižkov - das Unterhaltungsviertel

In diesem ehemaligen Arbeiterviertel haben sich viele Studenten angesiedelt und auch viele Expats leben in Žižkov. Hier finden Sie ebenfalls eine hohe Dichte an Bars, Clubs, Restaurants und Kaffeehäusern vor.

Die schönsten Museen in Prag

Prag war schon immer der Treffpunkt bekannter Künstler, Dichter und Maler. Daher können Sie in der Goldenen Stadt viele herrliche Museen besuchen. Diese laden nicht nur an regnerischen Tagen mit viel Kunst und Kultur zu interessanten Stunden ein.

Das Nationalmuseum

Sie gelangen hierher am besten mit der Metro bis Muzeum (A, C) oder mit der Straßenbahn Nummer 11.

Die Adresse lautet: Václavské námestí 68, 115 79 Praha 1.

Webseite: http://www.nm.cz/

Das Nationalmuseum, auf Tschechisch Národní Muzeum genannt, ist das größte Museum des Landes und auch das bedeutendste Museum rund um die Themen Kultur und Naturgeschichte. Selbst die Gebäude, in welchen die einzelnen Sammlungen untergebracht sind, sind historisch von großer Bedeutung. Zu den dauerhaften Ausstellungen im Nationalmuseum zählen die Mineralogie, Paläontologie, die Zoologie, eine Knochensammlung und die Ausstellung zur Frühgeschichte Böhmens, Mährens und der Slowakei.

Das Museum des Kommunismus

Am besten gelangen Sie hierher mit der Metro LINE B bis NÁMĚSTÍ REPUBLIKY.

Die Adresse lautet V Celnici 1031/4, Prag 1.

Webseite: http://muzeumkomunismu.cz/en/where/

Vom Ende des Zweiten Weltkriegs bis ins Jahr 1989 dauerte die Ära des Kommunismus. In diesem Museum erfahren Sie alles Wissenswerte über die Atmosphäre und die Lebensumstände während dieser harten Zeit. Erfahren Sie über die teilweise grausamen Ereignisse, speziell um das Jahr 1968 und eine Zeit, die von Unterdrückung, Verhaftung und teilweise Hinrichtungen geprägt wurde. Hinterher werden Sie es noch mehr schätzen, in einer Welt zu leben, in der freie Meinungsäußerung selbstverständlich ist.

Das Nationale Technikmuseum

Am besten gelangen Sie hierher mit der Metro bis Vltavská oder mit der Straßenbahn bis Letenské námestí (1, 8, 25, 26)

Die Adresse lautet: Kostelní 42, Prag 7.

Webseite: http://www.ntm.cz/

Bei diesem Technikmuseum liegen die Schwerpunkte auf Wissenschaft und Transport. Die Ausstellungen drehen sich um Zeitmessung, Flugzeuge, Züge und Autos, Akustik, Astronomie und Telekommunikation. Dieses Museum ist perfekt für alle, die eine Affinität für Technik und große, schwere Maschinen haben.

Das Museum Kampa

Am besten gelangen Sie hierher direkt über die Karlsbrücke.

Die Adresse lautet: U Sovových mlýnu 2, 118 00 Praha

Webseite: http://www.museumkampa.cz/

Das spannende, kleine Museum befindet sich auf der bezaubernden Halbinsel Kampa in der Moldau. Hier können Sie moderne Kunst aus der privaten Sammlung Meda Mladeks bestaunen und Werke unter anderem von Frantisek Kupka und Otto Gutfreund betrachten.

Das Jüdische Museum in Prag

Am besten gelangen Sie hierher mit der Metro bis Staromestská (A).

Die Adresse lautet U Staré skoly 1, 110 00 Prague 1.

Webseite: http://www.jewishmuseum.cz/

Dieses Museum in Prag bietet eine der umfangreichsten Sammlungen jüdischer Kunst, Literatur und Kultur weltweit. Hier erfahren Sie viel Wissenswertes über das Leben der Juden in dieser Region. Zum Museum gehören die historischen Gebäude und Plätze wie die Maisel Synagoge, die Spanische Synagoge, die Pinkas Synagoge, die Klausen Synagoge, der Zeremonien-Saal, der alte Jüdische Friedhof, die Robert Guttmann Galerie und die Alte Synagoge sowie die Neue Synagoge.

Das Smetana Museum

Am besten gelangen Sie hierher mit der Metro bis Staromstská (A) oder mit der Straßenbahn Nummer 17 und 18.

Die Adresse lautet: Novotného lávka 1, Prag 1

Webseite: http://www.nm.cz/Hlavni-strana/Visit-Us/Bedrich-Smetana-Museum.html?xSET=lang&xLANG=2

Dieses Museum befasst sich mit dem Leben und den Werken des tschechischen Musikers Bedrich Smetanas. Sie kennen den Künstler vielleicht durch seine stimmungsvolle Komposition „Moldau“, die eine Hommage an seine Heimat ist.

Das Dvorak Museum

Am besten gelangen Sie hierher mit der Metro bis I. P. Pavlova (C) oder mit der Straßenbahn mit den Linien 4, 6, 10, 11, 16 oder 22.

Die Adresse lautet: Ke Karlovu 20, Prag 2

Webseite: http://www.nm.cz/Hlavni-strana/Navstivte-nas/Muzeum-Antonina-Dvoraka.html?xSET=lang&xLANG=1

Das Museum über den tschechischen Komponisten Antonín Dvořák ist im Palais Michna untergebracht und widmet sich dem Leben und den Werken des berühmten Künstlers. Der Sommerpalais wurde im 18. Jahrhundert von Kilian Ignaz Dientzenhofer entworfen. Das hiesige Museum wurde bereits im Jahre 1932 eröffnet. Zu sehen gibt es neben Zeitungsausschnitten und alten Programmen auch viele private Gegenstände aus dem Leben des Komponisten, unter anderem auch seine Viola und sein Klavier.

Das DOX Centre for Contemporary Art

Am besten gelangen Sie hierher mit der Tram bis Ortenovo námestí Nummer (12, 14, 24) oder mit der Metro bis Nádraží Holešovice (C).

Die Adresse lautet: Poupetova 1, 170 00 Praha

Webseite: https://www.dox.cz/cs/

Bei diesem Museum handelt es sich um ein Museum für zeitgenössische Kunst, welches in alten Fabrikhallen untergebracht ist. Das Museum liegt etwas abseits der üblichen Touristenpfade, besticht jedoch mit absolut legerem und stylischem Flair und ist absolut einen Besuch wert.

Das Museum der dekorativen Künste

Sie gelangen hierher am besten mit der Metro bis Staromestská (A) oder mit der Straßenbahn Linie 17 oder 18.

Die Adresse lautet: 17. listopadu 2, Prag 1

Webseite: https://prag.de/museum-der-dekorativen-kuenste-in-prag-oeffnungszeiten-adresse-und-preise/

In diesem Museum können Sie Ausstellungen betrachten, bei welchen sich alles um Mode, Textilien, Keramik, Glas und Metall, aber auch um Grafik und Fotografie dreht. Betrachten Sie Kunsthandwerk, welches mit absoluter Schönheit besticht und tauchen Sie ein in eine Welt des Designs.

Das Museum der Stadt Prag

Am besten gelangen Sie hierher mit der Metro bis Florenc (B, C).

Die Adresse lautet: Na Porící 52, Prag 8

Webseite: http://www.muzeumprahy.cz/

Dieses städtische Kulturinstitut befasst sich mit der Geschichte Prags und begleitet Sie von der prähistorischen Ära bis in die heutige Zeit. Bestaunen Sie Ausgrabungen oder ein großes Modell, welches Prag im 19. Jahrhundert zeigt.

Das Mucha Museum

Am besten gelangen Sie hierher mit der Metro bis Mustek (A, B).

Die Adresse lautet: Panská 7, Prag 1

Webseite: https://www.mucha.cz/en/

Dieses Museum ist im Barockbau des Palais Kaunitz untergebracht. Es ist den Werken und auch dem Leben des Jugendstilmalers Alfons Mucha (1860-1939)gewidmet. Er war ein tschechischer Plakatkünstler, Grafiker, Illustrator, Maler, Amateurfotograf und Kunstgewerbler, der als einer der herausragenden Repräsentanten des Jugendstils gilt. Er ging für zwei Jahre in die USA, lehrte dort als Dozent an den Akademien für bildende Künste in New York, Philadelphia und Chicago. Zurück in der Tschechoslowakei war er weiterhin künstlerisch tätig, entwarf Briefmarken, Banknoten und Orden für den tschechoslowakischen Staat.

Die schönsten Märkte in Prag

Es gehört zu einem Aufenthalt in einer fremden Stadt einfach dazu, über die lokalen Märkte zu schlendern. Hier erleben Sie Land und Leute hautnah und kommen auch perfekt mit der einheimischen Bevölkerung in Kontakt. Auf den Märkten finden Sie traditionelle Spezialitäten, frisches Obst und Gemüse der Region und auch das ein oder andere, ganz besondere Souvenir. Auf jeden Fall macht es viel Spaß, über die unterschiedlichen Märkte Prags zu spazieren.

Die Prager Markthalle

Am besten gelangen Sie hierher mit der Tram bis Tusarova.

Die Adresse lautet:

Die Prager Markthalle (Pražská tržnice) Bubenské nábřeží 306/13

170 04 Praha 7- Holešovice

Tel: +420 220 800 592

Webseite: http://www.prazska-trznice.cz/

TIPP Dieser Markt hat das ganze Jahr hindurch von Montag bis Samstag geöffnet und Sie können stets zwischen 08:00 früh bis 20:00 Uhr abends nach tollen Schnäppchen suchen. Neben der Frischeabteilung mit Obst und Gemüse finden Sie auf diesem Markt auch günstige Bekleidung, Elektronik, Haushaltsgeräte, Souvenirs und vieles mehr. Sie finden hier auch viele kleine Bistros. Die Markthalle ist nicht nur für eine Vielfalt an tschechischen Spezialitäten bekannt. Auch viele asiatische, vorwiegend vietnamesische Lokale sind hier vertreten. Auch diese haben in Prag eine lange Tradition, da die ehemalige Tschechoslowakei in der Zeit des Kommunismus eng mit Vietnam verbunden war. In Prag können Sie vielleicht das authentischste vietnamesische Essen außerhalb Vietnams genießen. Zudem handelt es sich bei der Markthalle um ein denkmalgeschütztes Areal. So verbinden Sie Shopping gekonnt mit etwas Kultur.

Der angeschlossene, große Bauernmarkt ist in der Halle 22 untergebracht und ebenfalls von Montag bis Samstag geöffnet. Von Montag bis Freitag können Sie hier zwischen 07:30 Uhr und 17:00 einkaufen. Am Samstag schließt der Bauernmarkt jedoch bereits um 14:00 Uhr seine Tore. Hier finden Sie immer frisches Obst und Gemüse der Saison und sämtliche Erzeugnisse, meist in hervorragender Bioqualität. Besonders berühmt ist der Markt für den leckeren Honig, die große Varietät an Pilzen und Beeren und für frische Blumen.

Der Asia-Markt in Prag - der sogenannte Schwarzmarkt

Am besten gelangen Sie hierher mit der Metro bis Vltavská (Linie A).

Die Adresse lautet: Pražská tržnice, Bubenské nábřeží 306/13, 170 04 Praha 7

Tel: +420 220 800 592

Der Asia-Markt Prags ist ebenfalls ein Bestandteil der großen Markthalle. Zuerst werden Sie einige kleine Restaurants sehen, doch sobald Sie durch das große Tor gehen, werden Sie von einem bunten Treiben begrüßt. Wenn Sie es nicht besser wüssten, könnte man meinen, Sie wären tatsächlich auf einem Markt in Saigon oder Hanoi gelandet. Die unzähligen vietnamesischen Verkäufer schlürfen ihre Nudelsuppen, während sie geschäftig um den besten Preis feilschen. Ja, das Aushandeln eines Preises ist hier enorm wichtig. Das Angebot ist hier vielfältig, bunt und häufig etwas skurril. Garantiert aber erhalten Sie hier keine Markenwaren. Sämtliche Taschen, Caps, Pullis und T-Shirts sind natürlich gefälscht - egal ob der Verkäufer schwört, es handele sich hier um eine echte Michael Kors Tasche, ein originales Hemd von Camp David oder ein T-Shirt von Dior. Viele dieser Artikel sind jedoch sehr gut gefälscht, manche aber stechen schon alleine durch falsche Schreibweise ins Auge. Weiter gibt es auch Videospiele, gefälschte Playstations, Parfum, Schmuck und vieles mehr. Winkekatzen und asiatische Lebensmittel, knallbunte Accessoires und sogar Gartenmöbel, das Sortiment auf diesem Markt ist wirklich sehr facettenreich. Von einem Kauf von Elektro Schocker, Wurfsternen, Schwertern, Laser-Pointern und Messern sollte jedoch abgesehen werden - sofern man sich nicht sicher ist, inwieweit sich diese Produkte noch im legalen Bereich bewegen. Es macht auf jeden Fall Spaß, über den Asia-Markt zu spazieren und nicht vergessen: Handeln Sie den Preis immer um mindestens die Hälfte hinunter.

Der Havelmarkt

Sie gelangen hierher am besten mit der Metro bis Můstek.

Die Adresse lautet: Havelské tržiště (dt.: Havel Markt), Havelská 13

110 00 Praha 1- Staré Město

Tel: +420 602 962 166

Der Havelmarkt zählt zu den ältesten Straßenmärkten Prags und ist immer einen Besuch wert. Der Havelmarkt hat täglich von 10:00 Uhr bis 19:00 Uhr geöffnet. Er liegt in der Nähe des Wenzelsplatzes und wenn Sie durch die Altstadt bummeln, werden Sie ganz einfach diesen tollen Straßenmarkt finden. Hier gibt es nicht nur die üblichen Sorten an Obst, Gemüse und einheimischen Spezialitäten. Der Havelmarkt ist auch für tolle Handwerkserzeugnisse bekannt. Ob Holzspielzeug oder Schmuck, gestrickte Mützen und Schals und vieles mehr erwartet Sie hier. Natürlich haben auch auf diesem Markt die gefälschten Waren Einzug gehalten, die Balance stimmt jedoch und Sie entdecken hier noch schöne Erzeugnisse aus Glas und die typischen Kristallgläser. Lassen Sie sich auf keinen Fall die leckeren Oblaten entgehen, die hier auch auf vielen Ständen angeboten werden und in etwa 15 Varianten erhältlich sind.

Bauernmarkt an der Náplavka Aufschwemmstelle

Sie gelangen hierher am besten mit der Tram bis Palackého náměstí oder mit der Metro bis Karlovo náměstí Linie B und nehmen des Ausgang Palackého náměstí. Nun müssen Sie nur mehr links die Promenade hinunter spazieren.

Die Adresse lautet: Náplavka Rašínova nábřeží, Praha 2, 120 00 Praha 2, Tschechien

Webseite: http://www.farmarsketrziste.cz/

Dieser Markt befindet sich direkt an der Promenade am Fluss und wird jeden Samstag zwischen der Palacký und der Eisenbahnbrücke aufgebaut. Dieser Bauernmarkt hat in Prag in der Zwischenzeit bereits Kultstatus erlangt. Der Markt ist bei Besuchern aus dem Ausland und der einheimischen Bevölkerung gleichermaßen beliebt. Kulinarische Highlights, frisches Obst und Gemüse, Souvenirs, Handwerkserzeugnisse, Blumen und viel mehr können Sie hier finden. Es wird organischer Kaffee zubereitet, den Sie zu frischen Palatschinken genießen können. Zudem punktet der Markt mit seiner idyllischen Szenerie. Nichts ist schöner, als während des Einkaufens die Schwäne und Schiffe auf dem Fluss zu beobachten.

Der Flohmarkt Vysočany U Elektry

Sie gelangen hierher am besten mit der Metro bis Hloubětín. Von hier aus können Sie den kostenlosen Shuttlebus zum Flohmarkt nehmen.

Die Adresse lautet: U Elektry, 198 00 Praha 9- Hloubětín

Tel: +420 777 121 387

Webseite: http://www.blesitrhy.cz

Dieser Flohmarkt wird das ganze Jahr hindurch immer am Wochenende abgehalten. Hier können Sie das ein oder andere Schnäppchen ergattern. Zwischen Tand und Trödel werden auch immer Raritäten und echte Antiquitäten angeboten. Garantiert aber macht es Spaß, durch das Angebot an neuen und gebrauchten Waren zu stöbern und das sehr spezielle Flair dieses Flohmarkts zu genießen.

Gastronomie in Prag - Hotels, Restaurants, Kaffeehäuser und Nightlife

In diesem Kapitel stellen wir Ihnen die schönsten oder außergewöhnlichsten und besten Kaffeehäuser, Restaurants und Hotels in Prag vor. Prag ist für eine ausgezeichnete Küche und für eine herzliche Gastfreundschaft bekannt. Garantiert werden Sie das kulinarische Angebot der Stadt an der Moldau genießen.

Die schönsten Kaffeehäuser in Prag

Das Café Obecní dům

Sie erreichen das Kaffeehaus am besten mit der Matro bis Náměstí Republiky.

Die Adresse lautet: Náměstí Republiky 1090/5, 110 00 Staré Město.

Webseite: http://www.kavarnaod.cz/

Dieses schöne Kaffeehaus befindet sich im Repräsentationshaus Prags und hat täglich von 07:30 Uhr bis 23:00 Uhr geöffnet. Es besticht mit einer Terrasse, die bei schönem Wetter zu Sitzen im Freien einlädt. Auch punktet das Café mit einer gut gefüllten Kuchen-Theke. Das Publikum ist bunt gemischt und Einheimische aller Schichten gehen hierher genauso wie Urlaubsgäste und Studenten aus aller Welt.

Das Kaffeehaus Evropa

Am besten erreichen Sie dieses Café mit der Metro bis Můstek.

Die Adresse lautet: Václavské náměstí 29.

Webseite: http://ww38.evropahotel.cz/en/cafe

Dieses zauberhafte Kaffeehaus im Jugendstil ist im gleichnamigen Hotel untergebracht und besticht mit einem sehr stilvollen Ambiente. Genießen Sie hier Ihre Tasse Kaffee und die süßen Spezialitäten unter Kronleuchtern und zu stimmigen Klavierklängen. Das Kaffeehaus ist zwar etwas hochpreisig - einmal in Prag sollte man sich jedoch dieses ganz besondere Flair gönnen.

Das Café Montmartre

Am besten gelangen Sie hierher mit der Metro bis Staroměstská.

Die Adresse lautet:

Řetězová 7, 110 00 Praha 1-Staré Město-Staré Město

Webseite: https://www.facebook.com/pg/cafemontmartreprague/posts/

Dieses ehrwürdige Kaffeehaus ist auch unter dem Namen Cabaret Montmartre bekannt und wurde bereits im Jahr 1911 gegründet. Es ist in dem historischen Haus „Zu den drei wilden Männern" untergebracht und einst zählten die berühmten Autoren Hasek, Kafka und Max Brod zum Stammpublikum. Einst konnte man hier legendäre Tanzveranstaltungen erleben. Das Ambiente und die Optik haben sich seit der damaligen Zeit nur unwesentlich verändert und ein Besuch im Café Montmartre gestaltet sich wie eine kleine Zeitreise.

Das Kavarna Slavia

Sie erreichen das Kaffeehaus am besten mit der Tram bis Narodni divadlo.

Die Adresse lautet: Narodnitrida 1, Nove Mestro.

Tel: +420 224 218 493

Webseite: https://www.cafeslavia.cz/de/

Das vielleicht berühmteste Kaffeehaus der alten Garde Prags hat täglich von 09:00 Uhr bis Mitternacht geöffnet. Es ist im Art Deco- Design eingerichtet und besticht mit viel glänzendem Kirschholz und polierten Tischen aus Kalkstein. Genießen Sie durch die großen Fenster das

Panorama und blicken Sie direkt auf den Fluss. Dieses Kaffeehaus galt stets als literarischer Treffpunkt und Größen wie Rainer Maria Rilke und Franz Kafka verkehrten hier ebenso regelmäßig, wie Vaclav Havel und die Dissidenten der 1970- er und 1980-er Jahre.

Das Grand Café Orient

Sie gelangen hierher am besten mit der Metro bis Náměstí Republiky.

Die Adresse lautet: GRAND CAFE ORIENT I. PATRO OVOCNÝ TRH 19 110 00 PRAHA 1

Tel: +420 224 224 240

Webseite: www.grandcafeorient.cz

Dieses traditionelle Kaffeehaus entstand bereits im Jahre 1918 im „Haus zur Schwarzen Muttergottes". Es wurde im Architekturstil Kubismus entworfen und war damals ein trendiger Treffpunkt. Das durch und durch kubistisch entworfene Kaffeehaus geriet aber schnell in Vergessenheit und wurde erst im Jahre 2005 wieder eröffnet. Jedes einzelne Detail aus der Vergangenheit wurde originalgetreu restauriert und liebevoll gestaltet. Ein Highlight für alle Fans der Architektur ist das sehr enge und spiralförmige Treppenhaus. Das Kaffeehaus ist nicht nur für herrlichen Kaffee, sondern auch für besonders schmackhafte Cocktails bekannt.

Das Café Imperial

Sie gelangen hierher am besten mit der Metro bis Florenc.

Die Adresse lautet: Na Poříčí 1072/15, 110 00 Nové Město.

Tel: +420 246 011 440

Webseite: cafeimperial.cz

Dieses Kaffeehaus im Jugendstil wurde erstmals im Jahre 1914 eröffnet und erstrahlt seit dem Jahr 2007 wieder in neuem Glanz. Das Besondere an diesem Kaffeehaus sind die Mosaike, Spiegel und Verzierungen aus Keramik-Fliesen und Reliefs. In diesem Café wird ganztägig Frühstück angeboten. Das Imperial ist für seine ausgezeichneten Eier Benedict, den hervorragenden Kaffee, die Menüs und Cocktails bekannt. Es hat täglich von 07:00 Uhr bis 23:00 Uhr geöffnet.

Das Grand Café Praha

Sie erreichen das Kaffeehaus am besten mit der Metro bis Můstek.

Die Adresse lautet: Staroměstské náměstí 22

Webseite: https://www.grandcafe.cz/

Das Kaffeehaus besticht mit der tollen Lage unmittelbar neben der Astronomischen Uhr. Wenn Sie hier einen Platz an den Panoramafenstern ergattern, so können Sie im Stundentakt die 12 Apostel vorbeiziehen sehen. Das Café Praha ist geschmackvoll eingerichtet und besticht mit einer spätbarocken Atmosphäre. Auch ist das Kaffeehaus für eine große Auswahl an Kuchen, Keksen und Gebäck berühmt.

Das Kaffeehaus Le Patio

Am besten erreichen Sie dieses Kaffeehaus mit der Metro bis Národní třída.

Die Adresse lautet: Národní třída 22

Hier handelt es sich um ein sehr gemütliches Kaffeehaus, welches vom Architekten Oto Bláha im nordafrikanischen Stil entworfen wurde und mit warmen Farben und viel Flair besticht. An den Wochenenden wird hier bis 14:30 Uhr Frühstück serviert - ein Hit für alle Nachtschwärmer Prags.

Das Café Louvre in Prag

Sie erreichen das Café Louvre am besten mit der Metro bis Národní třída.

Die Adresse lautet: Národní 22, 110 00 Nové Město

Tel: +420 224 930 949

Webseite: https://www.cafelouvre.cz/

Hierbei handelt es sich um ein zauberhaftes Art-déco-Café. Morgens ist der Andrang sehr groß und Sie müssen mit einem höheren Geräuschpegel rechnen, denn das Frühstück hier ist wahrlich meisterlich. Das Lokal hat täglich von 8:30 bis 23:30 Uhr geöffnet und es werden neben Kaffee, Kuchen und Frühstück auch ausgezeichnete Speisen serviert. Sie können in diesem nostalgisch eingerichteten Kaffeehaus auch eine Partie Billard spielen, oder auch den traditionellen 5-Uhr Tee genießen.

Das Kaffeehaus Nostress

Sie erreichen das Lokal am besten mit der Metro bis Staroměstská.

Die Adresse lautet: V Kolkovně 9/9, 110 00 Staré Město.

Tel: +420 222 317 007

Webseite: http://nostress.cz/

Dieses Kaffeehaus ist sehr gemütlich eingerichtet und verwandelt sich abends in eine charmante Cocktail-Bar. Auch ist das Kaffeehaus für seine besonders leckeren und günstigen Menüs zu Mittag bekannt. Das Nostress hat täglich von 10:00 Uhr bis 24:00 Uhr geöffnet.

Die besten Restaurants in Prag

Das U modré Kachníčky oder Restaurant „Zum Blauen Entlein“

Sie erreichen das Lokal am besten mit der Straßenbahn Linie 12, 20 oder 22 bis Hellichova

Die Adresse lautet:

Nebovidská 460/6, 118 00 Malá Strana

Tel: +420 257 320 308

Webseite: http://umodrekachnicky.cz/en/nebovidska

Das Restaurant ist für traditionelle böhmische Küche auf exzellent hohem Niveau berühmt. Das Ambiente ist rustikal und ehrlich, mit einem sehr edlen und eleganten Touch. Hier ist der Gast auf jeden Fall König und die Preise sind dennoch moderat. Das Restaurant ist auch für eine ausgezeichnete Wildküche, Ente und für die Verwendung regionaler, hochwertiger Produkte bekannt.

Das Restaurant im Mandarin Oriental

Sie gelangen hierher am besten mit der Straßenbahn Linie 12, 20 oder 22 bis Hellichova.

Die Adresse lautet: Nebovidská 459/1, 118 00 Malá Strana.

Tel: +420 233 088 888

www.mandarinoriental.com/prague/mala-strana/fine-dining

Das Restaurant im Hotel Mandarin Oriental bietet Fine- Dining auf höchstem Niveau und lässt die Herzen aller höher schlagen, die authentische Thai- Küche lieben. Die Einrichtung ist minimalistisch kühl, stimmungsvoll, elegant und dennoch sehr gemütlich.

Das Restaurant Kampa Park

Sie gelangen hierher am besten mit der Metro bis Malostranská.

Die Adresse lautet:

Na Kampě 8b, 118 00 Malá Strana

Tel: +420 296 826 112

Webseite: www.kampagroup.com/en/restaurants/kampa-park/

Das Kampa Park ist ein hochpreisiges und ebenso erstklassiges Restaurant, perfekt für alle, für die „Fine- Dining" zum Standard zählt. Viele einheimische und internationale Berühmtheiten lieben es, die Kreationen der hiesigen Küche zu genießen. Das Kampa Park gehört zu den Lieblingslokalen in Prag von Arnold Schwarzenegger, Lou Reed, Václav Havel, David Copperfield und vielen mehr. Das Ambiente ist stilvoll und elegant. Einer der schönsten Sitzplätze befindet sich im Wintergarten mit Blick auf die Karlsbrücke.

Das Restaurant Aromi

Sie gelangen hierher am besten mit der Metro bis Jiřího z Poděbrad.

Die Adresse lautet:

Náměstí Míru 1234/6, Vinohrady, 120 00 Vinohrady-Praha 2

Tel: +420 222 713 222

Webseite: https://aromi.lacollezione.cz/

Das Aromi ist ein Highlight für alle Liebhaber der italienischen Küche. Hier erhalten Sie hausgemachte Pasta, frischen Fisch und leckere

Nachspeisen. Die Speisekarten sind übersichtlich und wechseln je nach Saison und Angebot. Das Ambiente ist gemütlich und besonders im Sommer sitzt man hier gerne im traumhaften Gastgarten.

Restaurant Cotto Crudo

Sie gelangen hierher am besten mit der Metro bis Staroměstská.

Die Adresse lautet:

Veleslavínova 1098/2a, 110 00 Praha 1 - Staré Město

Tel: +420 221 427 000

Webseite: www.fourseasons.com/prague/dining/

Bei diesem italienischen Restaurant handelt es sich um das Restaurant im Hotel Four Seasons. Hier werden Spezialitäten aus der Toskana und dem Piemont serviert. Zu den Highlights zählen die hausgemachten Pastas, die Meeresfrüchte, welche frisch vor den Augen der Gäste zubereitet werden und die Schokolade, die im geheimen Schokoladen-Raum verkostet werden kann.

Das Restaurant U Milosrdných

Sie gelangen hierher am besten mit der Metro bis Staroměstská.

Die Adresse lautet: Ecke U milosrdných/Kozí.

Tel: 603735875

Das Lokal ist auch unter dem Namen „Bei den Barmherzigen“ bekannt und gilt als eines der letzten wirklich traditionellen, böhmischen Lokalen Prags. Es befindet sich in der Nähe des Jüdischen Friedhofs im

Stadteil Josefov und wirkt von außen eher unscheinbar. Das Ambiente ist eher nüchtern, jedoch gemütlich und die Bedienung sehr herzlich und freundlich. Die Preise sind moderat und das Restaurant eine wahrer Geheimtipp für alle, die echte, böhmische Küche genießen möchten.

Das Restaurant U Bakalá Ře

Sie gelangen hierher am besten mit der Metro Náměstí Republiky.

Die Adresse lautet: Celetná 13, 110 00 Praha 1 - Staré Město

Tel: 224 817 369

Webseite: http://www.ubakalare.cz/

Das Restaurant ist ein beliebter Treffpunkt für Studenten und für eine große Auswahl an belegten Broten, den sogenannten Chlebičky, bekannt. Das Lokal hat täglich von 10:00 Uhr bis 23:00 Uhr geöffnet und zwischen 11:00 Uhr und 14:00 Uhr werden günstige Mittagsmenüs angeboten. Besonder beliebt sind hier die aromatischen Knoblauch-Schnitten.

Restaurant Retro

Sie gelangen hierher am besten mit der Metro bis Náměstí Míru.

Die Adresse lautet: Francouzská 75/4, 120 00 Praha 2-Vinohrady.

Tel: +420 603 176 111

www.retroprague.com/en/content?page=submenu&XUBPAGEHL=11&XUBPAGE=86

Es handelt sich hier um ein modernes Bistro mit einem breiten Angebot an Tapas, Sandwiches und Burger. Hier wird viel Wert auf Regionalität, Bio-Qualität und Nachhaltigkeit gelegt. Zum Trinken gibt es hier neben Fair Trade- Kaffee auch regionale und internationale Weine und traditionelles, tschechisches Bier aus kleinen Brauereien.

Das Brauereihaus - Pivovarský dům

Sie gelangen hierher am besten mit der Metro bis Karlovo náměstí.

Die Adresse lautet:

Ječná 15, 120 44 Nové Město

Tel: +420 296 216 666

Webseite: www.pivovarskydum.com/index/index/lang/en

Tschechien ist als Bierbrauer- Nation berühmt. Daher sollten Sie sich einen Besuch in einem traditionellen Brauereihaus nicht entgehen lassen. Genießen Sie hier das Bier aus der hauseigenen Mini-Brauerei und lassen Sie sich dazu typische, böhmische Küche schmecken. Ein absoluter Hit sind jedoch die Bierspezialitäten wie Bananen- Bier, Sauerkirschen- Bier oder Kaffee- Bier. Natürlich werden viele der traditionellen Gerichte ebenfalls mit dem hauseigenen Bier verfeinert.

Restaurant Olympia

Sie gelangen hierher am besten mit der Straßenbahn Linie 9, 12, 20 oder 22 bis Újezd.

Die Adresse lautet:

Vítězná 619/7, Malá Strana, 150 00 Praha 5-Smíchov

Tel: +420 251 511 080

Webseite: www.kolkovna.cz/en

Hierbei handelt es sich um eine moderne Braustube, die mit ausgezeichneter, böhmischer Küche besticht. Ob Gulasch, Knödel, Ente mit warmem Krautsalat oder süße Pflaumen im Backteig, die Küche hier ist deftig und sehr authentisch. Neben günstigen Menüs werden natürlich auch schmackhafte Biere angeboten.

Das Restaurant Bredovský Dvůr

Sie gelangen hierher am besten mit der Metro bis Můstek.

Die Adresse lautet: Politických vězňů 935/13, 110 00 Nové Město

Tel: +420 224 215 427

www.restauracebredovskydvur.cz/

Diese Braustube ist für klassisch, deftiges Essen bekannt. Auf der Speisekarte stehen hier Rippchen und Eisbein mit Kraut und Knödel. Im Sommer bietet der Innenhof ein gemütliches Ambiente.

Das U Sedmi Švábů - Bei den Sieben Schwaben

Sie gelangen hierher am besten mit der Straßenbahn Linie 12, 20 oder 22 bis Malostranské náměstí.

Die Adresse lautet:

Jánský vršek 241/14, 118 00 Malá Strana

Tel: +420 257 531 455

www.7svabu.cz/Pages/Main.aspx

Hier tauchen Sie in die Geheimnisse des Mittelalters ein und genießen deftige, böhmische Küche in stimmigem Ambiente. Das Lokal besticht mit einem urigen Kellergewölbe und neben Bier und Wein wird hier traditionell auch Met serviert. Reisen Sie hier zurück ins Jahr 1493. Ein besonderes Erlebnis sind die Veranstaltungen, die an den Wochenenden stattfinden. Genießen Sie mittelalterliches Essen, Bier und Wein und lassen Sie sich von tanzenden Zigeunern, singenden Mädchen und Feuerschluckern unterhalten.

Die besten Hotels in Prag

Prag bietet Hotels in allen Kategorien und Preisklassen. Viele befinden sich in unmittelbarer Nähe zu den besten Sehenswürdigkeiten, andere wieder bestechen mit einem ganz besonderen Ambiente und einer außergewöhnlichen Ausstattung.

Das Mandarin Oriental Prag

Sie gelangen hierher am besten mit der Straßenbahn Linie 12, 20 oder 22 bis Hellichova.

Die Adresse lautet: Nebovidská 459/1, 118 00 Malá Strana

Tel: +420 233 088 888

www.mandarinoriental.com/prague/mala-strana/luxury-hotel/presentation?htl=MOPRG&eng=google&src=local

Das Luxushotel ist in einem liebevoll renovierten Kloster aus dem 14. Jahrhundert untergebracht. Hochwertige Zimmer und Suiten, Spa und Wellness und der gewohnt hohe, internationale Standard dieser Hotelkette ist hier mit pittoreskem Flair vergangener Tage verschmolzen. Das 5-Sterne Hotel zählt nicht zu den günstigsten Unterkünften Prags, aber garantiert zu den schönsten.

Das InterContinental Prag

Sie gelangen hierher am besten mit der Metro bis Staroměstská.

Die Adresse lautet: Pařížská 30, 110 00 Staré Město

Tel: +420 296 631 111 www.icprague.com/?utm_source=google&utm_medium=local&utm_campaign=InterContinentalPrague

Das Hotel der Luxusklasse besticht mit einer tollen Lage direkt an der Moldau und einem atemberaubenden Blick auf die Altstadt. Die Zimmer und Suiten sind wahre Wohlfühl-Oasen und auch der Wellnessbereich lädt zum Entspannen ein. Das Hotel ist perfekt für alle, die sich Luxus pur gönnen möchten.

Das Hilton Prag

Hierher gelangen Sie am besten mit der Metro bis Florenc.

Die Adresse lautet: Pobřežní 1, 186 00 Praha 8-Karlín

Tel: +420 224 841 111

www.hilton.com/en/hotels/czech-republic/hilton-prague-PRGHITW/index.html?WT.mc_id=zELWAKN0EMEA1HI2DMH3LocalSearch4DGGenericx6PRGHITW

Das Hilton Prag reiht sich ebenfalls nahtlos in die Riege der erstklassigen Hotels der Stadt ein. Dieses 4-Sterne Hotel wurde im Jahre 1991 erbaut. Ein Highlight ist der künstliche Brunnen, der sich im gläsernen Innenhof befindet. Der Flughafen ist nur eine 25-minütige Autofahrt entfernt und fußläufig sind zahlreiche Attraktionen Prags zu erreichen. Nach einem aufregenden Tag in der City lässt es sich wunderbar im Fitness- und Wellness- Club des Hotels entspannen.

Das Four Seasons Prag

Sie erreichen das Hotel am besten mit der Metro bis Staroměstská.

Die Adresse lautet: Veleslavínova 1098/2a, 110 00 Praha 1 - Staré Město-Staré Město

Tel: +420 221 427 000

www.fourseasons.com/prague/

Das exklusive Hotel besticht mit einer tollen Lage am Fluss und der Nähe zur zauberhaften Altstadt Prags. Das Hotel der Luxusklasse ist auch bei internationalen Stars wie Bruce Willis absolut beliebt. Natürlich handelt es sich hierbei um kein Hotel der günstigen Preisklasse, bietet jedoch ein stimmungsvolles Ambiente, Nähe zu den wichtigsten Sehenswürdigkeiten und einen tollen Wellnessbereich für die Stunden nach dem Sightseeing.

Das Carlo IV. in Prag

Am besten gelangen Sie hierher mit der Metro bis Hlavní nádraží.

Die Adresse lautet: Senovážné náměstí 13/991 Nové Město Praha 1, 110 00 Praha 1

Tel: +420 224 593 111

www.dahotels.com/carlo-iv-prague/

Das Luxushotel ist in einem liebevoll renovierten, neoklassizistischen Palast untergebracht. Es liegt zentral in unmittelbarer Nähe zum Wenzelsplatz und bietet Eleganz und Stil pur. Die Zimmer und Suiten sind elegant aber gemütlich eingerichtet und der Wellnessbereich verspricht ebenfalls Entspannung pur.

Das Union Hotel Prag

Sie erreichen das Hotel am besten mit der Straßenbahn Linie 7 bis 1824 Ostrčilovo náměstí.

Die Adresse lautet: Ostrčilovo nám. 462/4, 128 00 Praha 2

Tel: +420 261 214 812

www.hotelunion.cz/

Das kleine Hotel bietet insgesamt nur 57 Zimmer in drei verschiedenen Kategorien an. Es besticht durch die zentrale Lage und liegt beinahe unscheinbar unter der mächtigen Nuslebrücke. Das Hotel verbindet gekonnt erstklassigen Service mit dem Charme vergangener Tage und ist eine gemütliche Unterkunft während der spannenden Tage in Prag. Das Hotel bietet weiter ein elegantes Restaurant und ein Spa, das zum Relaxen einlädt.

U Medvídků

Sie erreichen die Pension am besten mit der Metro bis Národní třída.

Die Adresse lautet: Na Perštýně 344/5, 110 00 Staré Město

Tel: +420 224 211 916

https://umedvidku.cz/de/

Das 3-Sterne Hotel ist in einem historischen Gebäude untergebracht. Sämtliche 45 Zimmer wurden liebevoll renoviert und bestechen mit dem Charme längst vergangener Tage. Der Altstädter Ring und die Karlsbrücke sind fußläufig in nur 5 Minuten zu erreichen. Besonders charmant sind die Mansardenzimmer mit den erhalten gebliebenen und renovierten gotischen Dachstühlen. Die Zimmer sind mit Frühstück zu günstigen Preisen erhältlich. Ein weiterer Hit sind das dazugehörige Restaurant und die Mini-Brauerei.

Das Hotel Standard in Prag

Sie erreichen das Hotel am besten mit der Straßenbahn Linie 3, 16, 17 oder 21 bis Výtoň.

Die Adresse lautet:

Rašínovo nábř. 406/38, 128 00 Nové Město

Tel: +420 224 916 060

Auch dieses Hotel ist wie viele Unterkünfte in Prag in einem historischen Haus untergebracht. Hierbei handelt es sich um ein Gebäude im Jugendstil. Das Hotel Standard befindet sich nahe des Palacky Platzes und von vielen Zimmern aus bietet sich ein atemberaubender Blick auf die Prager Burg.

Sir Toby's Hostel

Sie gelangen hierher am besten mit der Straßenbahn Linie 1, 3, 5, 12 oder 25 bis Dělnická.

Die Adresse lautet Dělnická 1155/24, 170 00 Praha 7-Holešovice.

Tel: +420 210 011 600

www.sirtobys.com/

Beim Sir Toby's Hostel handelt es sich um eine sehr preiswerte und schlichte Unterkunft, die jedoch mit absolut viel Charme verzaubert. Die Zimmer sind als Shared-Rooms oder als Privatzimmer buchbar und sind ebenso schlicht, aber gemütlich und geschmackvoll eingerichtet. Das Hostel ist vor allem bei jungen Leuten, Studenten und Backpackern sehr beliebt.

Miss Sophie's Hostel

Am besten gelangen Sie hierher mit der Metro I.P. bis Pavlova.

Die Adresse lautet:

Melounova 3, 120 00 Nové Město

Tel: +420 210 011 200

https://miss-sophies.com/prague/newtown/

Dieses sehr saubere und gemütliche Hostel verzaubert mit geschmackvoll eingerichteten Zimmern und einem Ambiente, das mehr an ein Designhotel oder ein Boutique Hotel erinnert. Zusätzlich punktet das Hostel mit hochwertigem Frühstück und Brunch-Angeboten, sowie kleinen aber feinen Wellness- und Spa- Behandlungen.

Das Czech Inn

Sie erreichen dieses Hostel am besten mit der Straßenbahn Linie 4, 22 oder 23 bis Krymská.

Die Adresse lautet:

Francouzská 240/76, 101 00 Praha

Tel: +420 210 011 100

www.czech-inn.com/

Hierbei handelt es sich um kein gewöhnliches Hostel. sondern um eine Unterkunft, die bereits mit einem Designpreis ausgezeichnet wurde und von der Washington Post als eines der besten Großstadt-Hotels gewählt wurde. Das Hostel bietet 130 Betten, die als Doppelzimmer, Mehrfachzimmer oder auch Einzelzimmer gebucht werden können. Die Zimmer sind hell, geräumig, sauber und gemütlich und das gesamte Hostel versprüht ein sehr stylisches und modernes Flair. Nicht nur junge Leute und Backpacker, sondern auch Geschäftsleute kehren gerne im Czech Inn ein.

Das Orea Hotel Pyramida Praha

Hierher gelangen Sie am besten mit der Straßenbahn Linie 15, 22, 23 oder 25 bis Malovanka.

Die Adresse lautet: Bělohorská 24, 169 00 Praha 6.

Tel: +420 233 102 111 www.hotelpyramida.cz/?utm_source=google&utm_campaign=Knowledge_Graph&utm_medium=organic

Das Hotel Pyramida sticht sofort mit seiner modernen und eigenwilligen Architektur ins Auge. Das Hotel befindet sich gleich hinter der Prager Burg und viele Sehenswürdigkeiten der Stadt sind bequem fußläufig zu erreichen. Die Zimmer und Suiten, die Bar und das Restaurant, die Lobby und der Wellnessbereich sind gemütlich und schlicht, aber mit vielen markanten, farblichen Akzenten eingerichtet. Moderne Skulpturen sorgen für zusätzliche, reizvolle Elemente und nach einem Tag in der Stadt lässt es sich wunderbar im Pool oder im hoteleigenen Fitness Center entspannen.

Das Hotel Opera

Hierher gelangen Sie am besten mit der Metro bis Florenc.

Die Adresse lautet: Těšnov 1743/13, 110 00 Petrská čtvr

Tel: +420 222 315 609

www.hotel-opera.cz/

Das Hotel Opera ist das älteste Hotel in Prag und verzaubert mit viel Geschichte, Eleganz und Flair. Das Haus besteht seit dem Jahre 1890 und bietet herzliche Gastfreundschaft. Auch Haustiere sind in diesem Hotel gegen Voranmeldung willkommen. Die Zimmer sind geschmackvoll eingerichtet und erzählen anhand der Möbel so manche Geschichte aus der Vergangenheit. Ein absolutes Highlight ist die kunstvoll verzierte Fassade und das Angebot des Hotels reicht von Fitness über Jacuzzi und Sauna bis hin zur Wäscherei und zum gemütlichen Frühstück am Zimmer.

Das Hotel Liberty

Am besten erreichen Sie das Hotel mit der Metro bis Můstek.

Die Adresse lautet:

28. října 376/11, 110 00 Staré Město

Tel: +420 224 239 598

www.hotelliberty.cz/

Das Hotel befindet sich in einem Jugendstil-Gebäude am Wenzelsplatz und besticht mit Behaglichkeit und einer sehr zentralen Lage. Einige Zimmer bieten einen traumhaften Blick auf die Prager Burg.

Nachtleben in Prag

Das Nachtleben Prags ist vibrierend und die Stadt hat den Ruf als Party-Hochburg Europas. Kaffeehäuser und Bistros haben bis Mitternacht geöffnet und es gibt unzählige Brauereien in der Goldenen Stadt. Doch auch in einigen tollen Clubs lässt sich die Nacht zum Tag machen.

Das Sasazu

Am besten gelangen Sie hierher mit der Metro bis Holsovice.

Die Adresse lautet:

306/13, Holešovice, Bubenské nábřeží, 170 00 Praha 7.

www.sasazu.com/en/story#

In diesem Club sorgen bekannte und internationale DJs für Unterhaltung. Das Publikum ist multikulturell und bunt gemischt und das Sasazu ist die vielleicht angesagteste Adresse am Wochenende. Zudem lädt das asiatische Restaurant mit feinen Aromen auf eine kulinarische Weltreise ein.

Das Karlovy Lázne

Hierher gelangen Sie am besten mit der Straßenbahn bis Karlovy lázně.

Die Adresse lautet:

Novotného lávka 198/13, 110 00 Staré Město

www.karlovylazne.cz/

Hierbei handelt es sich um einen der größten Nachtclubs in Zentraleuropa. Er erstreckt sich über 5 Etagen und regelmäßig sorgen hier internationale DJs für Unterhaltung. Von House und Trance bis hin zur Musik der 80-er Jahre wird auf den unterschiedlichen Etagen verschiedene Musik geboten. Hier ist garantiert für jeden Geschmack das Richtige dabei.

Das Roxy

Am besten gelangen Sie hierher mit der Metro bis Florenc.

Die Adresse lautet:

Dlouhá 33, 110 00 Staré Město

www.roxy.cz/

Das Roxy ist der älteste Dance-Club Prags, aber durchaus noch nicht in die Jahre gekommen. Hier feiert man auf einer riesigen Tanzfläche zur Musik internationaler DJs. Das Roxy ist bekannt für eine aufregende Licht- und Laser-Show und der Club besticht mit seiner zentralen Lage in der Altstadt, nur wenige Gehminuten von der Karlsbrücke entfernt.

Shopping in Prag

Neben den Märkten und den Geschäften und Boutiquen in der Prager Innenstadt finden Sie hier auch einige tolle Malls, Outlets und Einkaufszentren.

Das Palladium

Sie gelangen hier her am besten mit der Metro bis Námesti Republiky.

Die Adresse lautet: Nám. Republiky 1078/1, 110 00 Nové Město

Webseite: https://www.palladiumpraha.cz/

Diese moderne Mall erstreckt sich über mehrere Etagen und hier finden Sie einen bunten Mix aus Geschäften, Boutiquen, Kaffeehäusern und Restaurants. Viele bekannte Marken, Modeketten und internationale Fastfood-Restaurants sind in diesem Einkaufszentrum vertreten.

Das MYSLBEK Shopping Center

Am besten erreichen Sie dieses Center mit der Metro bis Mustek.

Die Adresse lautet: Ovocný trh 8, 110 00 Staré Město

Webseite: http://www.ngmyslbek.cz/

Auch hier erwartet Sie ein bunter Mix aus Designer-Bekleidung, Boutiquen, Geschäften, Kaffeehäusern, Bars und Restaurants. Von aufregender Mode von Karl Lagerfeld bis hin zur knusprigen italienischen Pizza der Kette Vapiano erwartet Sie hier ein facettenreiches Angebot.

Das GATE Einkaufszentrum

Am besten erreichen Sie diese Mall mit der Metro bis Mustek.

Die Adresse lautet: Václavské nám. 838/9, 110 00 Nové Město

Webseite: https://gate.shop/

Junge und stylische Mode für Sie und Ihn wartet im Gate und lädt zum entspannten Shoppen und Bummeln ein. Das Gate zählt zu den beliebtesten Outlets in der Prager Innenstadt.

Tschechisch für Touristen

Die Begrüssung lautet dobrý den – Guten Tag.

Oder dobrý večer – Guten Abend.

na shledanou – auf Wiedersehen

Beim Duzen sagen Sie Ahoj, ebenfalls als Verabschiedungsgruß.

prosím - bitte

promiň – entschuldige

Grundlegendes

Ja - Ano

Nein - Ne

Bitte - prosím

Danke - děkují / dík

Guten Tag! - dobrý den!

Gute Nacht! – dobrou noc!

Auf Wiedersehen! – na shledanou!

Hallo! / Grüß Dich! – Ahoj!

Tschüß! - Ahoj!

Herr - pan

Frau - paní

Entschuldigung! – Promiňte!

Wie bitte? – Jak prosím?

Bier - pivo

Wein - vino

Kaffee - kava

Tee - čaj

Mineralwasser - sodovka

Ein Bier, bitte! - Jedno pivo, prosím!

Bitte zahlen! - Zaplatit, prosím!

Geöffnet - otevřeno

Geschlossen - zavřeno

Haben Sie...? - Máte...?

Wieviel kostet das? – Kolik to stoji?

Einverstanden! – Oukey! / Souhlasím!

Gerne – rád / ráda

Das ist mir zu teuer. – To je moc drahý.

Das ist gut. – To je dobře.

Das ist schlecht. – To je špatně.

Können Sie mir helfen? – Mužete mi pomoci?

Wieviel Uhr ist es? – Kolik je hodin?

Wo ist... - Kde je...

Wo sind die Toiletten? – Kde jsou záchody?

Ist das weit? – Je to daleko?

Verdammt! - sakra!

Wann? – Kdy?

Wo? – Kde?

Wer? – Kdo?

Wie? – Jak?

Warum? - Proč?

Ich verstehe Sie nicht. – Já Vám nerozumím.

Ich spreche nur wenig Tschechisch. – Mluvím jenom trochu česky.

Hilfe! – Pomoc!

Achtung! – Pozor!

Polizei – policie

Feuerwehr - hasiče

Apotheke - lékárna

Rufen Sie bitte einen Krankenwagen! - Závolejte, prosím sanitku!

Zahlen

0 - nula

1 - jeden, jedna, jedno

2 – dva, dvě

3 – tři

4 - čtyři

5 – pět

6 – šest

7 – sedm

8 – osm

9 – devět

10 – deset

11 - jedenáct

12 - dvanáct

13 - třináct

14 - čtýřnáct

15 - patnáct

16 - šestnáct

17 - sedmnáct

18 - osmnáct

19 - devátenáct

20 - dvacet

21 - dvacetjeden/jedna/jedno

22 - dvacetdva/dvě

23 - dvacettři ...

30 - třicet

40 - čtyřicet

50 - padesát

60 - šedesát

70 - sedmdesát

80 - osmdesát

90 - devadesát

100 - sto

200 - dvěstě

300 - třista

400 - čtyřista

500 - pětset

600 - šestset ...

1000 - tisíc

2000 - tisíce ...

5000 - pěttisíc

10 000 - desettisíc

100 000 – stotisíc

Wochentage

Montag - pondělí

Dienstag - úterý

Mittwoch - středa

Donnerstag - čtvrtek

Freitag - pátek

Samstag - sobota

Sonntag - neděle

Monate

Januar - leden

Februar - únor

März - březen

April - duben

Mai - květen

Juni - červen

Juli - červenec

August - srpen

September - září

Oktober - říjen

November - listopad

Dezember - prosinec

Impressum:

CityGuide Nr.1

D. Daraban, Gablitz

Auflage (Erstauflage 2019)

onlineworldofbooks@gmail.com

Taschenbuch:

KDN-ISBN: 9781728853284

Risiko-Hinweis und Haftung

Empfehlungen, Charts und Tabellen für verlässlich, jedoch können wir keine Garantie für Richtigkeit und Aktualität übernehmen. Die Inhalte in diesem Werk sind nach bestem Gewissen verfasst, wir halten unsere Quellen für verlässlich, aber auch hier können wir keine Garantie auf Richtigkeit und Aktualität geben. Die Informationen geben lediglich einen Einblick in die Meinung der Verfasser.

Haftungsausschluss

Die Inhalte wurden mit größtmöglicher Sorgfalt erstellt. Der Autor übernimmt jedoch keine Gewähr für die Richtigkeit und Vollständigkeit der hier befindlichen Informationen sowie bereitgestellten Inhalte.

Urheber- und Kennzeichenrecht

Bei den Inhalten, die erstellt wurden, werden die Urheberrechte Dritter beachtet. Insbesondere werden Inhalte und Rechte Dritter als solche gekennzeichnet.

Sollte der Nutzer trotzdem auf eine Urheberrechtsverletzung aufmerksam werden, bitten wir um einen entsprechenden Hinweis. ***Bei Bekanntwerden von Rechtsverletzungen werden wir derartige Inhalte gerne und umgehend entfernen.***

Etwaige Bilder und Grafiken: Privatarchiv, Pixabay.com, shutterstock.com, iconfinder.com

35670638R00060

Printed in Poland
by Amazon Fulfillment
Poland Sp. z o.o., Wrocław